BEI GRIN MACHT SICH IHR
WISSEN BEZAHLT

Marina Bendocchi Alves

Buchrezension zu Hiekel, Jörn Peter (Hrsg.): "Neue Musik in Bewegung: Musik- und Tanztheater heute"

GRIN Verlag

Bibliografische Information der Deutschen Nationalbibliothek:

Die Deutsche Bibliothek verzeichnet diese Publikation in der Deutschen National-
bibliografie; detaillierte bibliografische Daten sind im Internet über http://dnb.d-
nb.de/ abrufbar.

Impressum:

Copyright © 2013 GRIN Verlag GmbH
Druck und Bindung: Books on Demand GmbH, Norderstedt Germany
ISBN: 978-3-656-57500-9

Dieses Buch bei GRIN:

http://www.grin.com/de/e-book/263954/buchrezension-zu-hiekel-joern-peter-hrsg-
neue-musik-in-bewegung

GRIN - Your knowledge has value

Der GRIN Verlag publiziert seit 1998 wissenschaftliche Arbeiten von Studenten, Hochschullehrern und anderen Akademikern als eBook und gedrucktes Buch. Die Verlagswebsite www.grin.com ist die ideale Plattform zur Veröffentlichung von Hausarbeiten, Abschlussarbeiten, wissenschaftlichen Aufsätzen, Dissertationen und Fachbüchern.

Besuchen Sie uns im Internet:

http://www.grin.com/

http://www.facebook.com/grincom

http://www.twitter.com/grin_com

Ludwig-Maximilians-Universität München   19.11.2012
Institut für Theaterwissenschaft WS 2012/13
Übung: Wissenschaftliche Präsentationsformen
Studentin: Marina Bendocchi Alves

Buchrezension zu Hiekel, Jörn Peter (Hrsg.): Neue Musik in Bewegung: Musik- und Tanztheater heute, Veröffentlichungen des Instituts für Neue Musik und Musikerziehung Darmstadt, Band 51, Mainz 2011

Der von Jörn Peter Hiekel herausgegebene Sammelband „Neue Musik in Bewegung: Musik- und Tanztheater heute" enthält Aufsätze, die auf die Vorträge der 64. Frühjahrstagung des INMM im April 2010 basieren. Die Aufsätze sind von Autoren/innen diverser Fachbereiche: Es gibt sowohl wissenschaftliche Beiträge von Musik- / Tanzwissenschaftlern wie auch Beiträge von Komponisten, Performance und Intermedia-Künstlern. Aus dem Inhaltsverzeichnis wird, wenn namentlich nicht bekannt, nicht ersichtlich, welche Beiträge von Künstlern und welche von Wissenschaftlern verfasst wurden.

Der Sammelband besteht aus einem Vorwort des Herausgebers, 11 Aufsätzen zu den Themenblöcken der Tagung und einem abschließendem reflektierenden Aufsatz von Peter W. Schatt. Die Künstlerbeiträge befinden sich in der Mitte des Buches, wobei zwischen drittem und viertem Künstlerbeitrag ein wissenschaftlicher Aufsatz eingeschoben ist. Ohne die Themenblöcke der Tagung zu kennen, die nicht als Kapitelüberschriften - wie sonst üblich - übernommen wurden, erscheint die Strukturierung des Bandes unklar. Die Aufsätze sind nach den Themenblöcken der Tagung gegliedert, wobei nicht alle Vorträge der Tagung in Aufsätzen vertreten sind und die Reihenfolge der Aufsätze innerhalb eines Themenblockes zum Teil geändert wurde. Themenblock I enthält die drei wissenschaftlichen Aufsätze mit „Grundüberlegungen" zum zeitgenössischen Musiktheater. Der zweite Themenblock beschäftigt sich mit „Öffnungen des Musiktheaters" und besteht aus zwei wissenschaftlichen Aufsätzen sowie drei Künstlerbeiträgen. In Themenblock III behandeln zwei tanzwissenschaftliche Aufsätze und ein Künstlerbeitrag das Thema „Tanz – Körper – Bewegung". Themenblock IV ist dem Musiktheater von Wolfgang Rihm gewidmet, ist aber durch nur einen Aufsatz vom Komponisten Jörg Mainka komplett untervertreten. Die Vorträge von Ulrich Mosch und Wolfgang Lessing sind nicht im Sammelband enthalten. Die wichtige Verbindung von Wolfgang Rihm mit Artauds „Theater der Grausamkeit" fehlt durch den nicht abgedruckten Vortrag von Wolfgang Lessing völlig. Das Gespräch von Jörn Peter Hiekel mit Wolfgang Rihm wurde ebenfalls nicht transkribiert. Der in der Tagung durch drei Vorträge und einem Gespräch gut vertretene Themenblock wird im Sammelband durch nur einen Aufsatz an den Rand gestellt.

In Themenblock I „Grundüberlegungen" zum zeitgenössischen Musiktheater beschäftigt sich der Musikwissenschaftler Jörn Peter Hiekel in seinem Aufsatz „Was leistet Musiktheater heute? Bewegungen und Tendenzen" mit der Begriffs- und Gattungsgeschichte des Musiktheaters und verweist auf weitere Artikel des Sammelbandes.

Der deutsche Philosoph Albrecht Wellmer bezieht sich in seinem Aufsatz „Musiktheater heute" auf Hans-Thies Lehmanns „Postdramatisches Theater" und überträgt Lehmanns Konzept auf das zeitgenössische Musiktheater.

Im letzten Aufsatz des ersten Themenblocks „Musiktheater in der Gegenwart – einige Beispiele" stellt die Musikkritikerin Julia Spinola, eine Schülerin Lehmanns, zeitgenössische Komponisten mit jeweils einem Werk vor und analysiert dessen strukturelle und ästhetische Besonderheiten. Die meisten dieser Werke kommen den Minimalanforderungen der Oper nicht nach, sie haben kein Libretto, keine Regieanweisungen, keine durchgehende Handlung und z.t. auch keine Sänger. Stücke wie Mark Andres „22, 13" und Claus-Steffen Mahnkopfs „Angelus Novus" (2000) werfen die Frage nach der Notwendigkeit der Bühne auf.

Der zweite Themenblock „Öffnungen des Musiktheaters" wird mit einem Aufsatz von Regine Elzenheimer eröffnet. Sie beruft sich wiederum auf Lehmanns „Postdramatisches Theater", indem sie die Dekonstruktion von Subjekt und Erzählung als grundlegendes Kriterium des Postdramatischen nach Lehmann begreift und versucht diese Theorie für das zeitgenössische Musiktheater fruchtbar zu machen

Auf Regine Elzenheimer folgt ein Aufsatz von Christa Brüstle. In ihrem Aufsatz „Jenseits der Oper? – Musiktheater in Schwimmbädern und Landschaften" beschäftigt sich die Musikwissenschaftlerin mit innovativen Entwicklungen im Musiktheater, die überwiegend außerhalb von Opernhäusern in alternativen Spielstätten stattfinden. Während in einem Stück wie „tauchtauch tonstobtotrot = lautbaden in bad schau" (Matthias Rebstock & Künstlergruppe UDK, Berlin 2002) der Badebetrieb in einem lahmgelegten Schwimmbad akustisch wieder aufgenommen wird, beschäftigt sich „AquAria" von Claudia Herr (Berlin 2008) in einem Unter-Wasser-Konzert mit Klangforschung.

Nach Christa Brüstle folgt der erste Künstlerbeitrag vom Komponisten José M. Sánchez-Verdú: „Schrift und Aura im Musiktheater". In seinem Aufsatz stellt er zwei eigene Werke vor, die er ebenfalls in Tradition von Lehmanns „Postdramatischen Theater" sieht. Der Text enthält eine detaillierte Zusammenfassung der Stücke „GRAMMA – Gärten der Schrift" und „Aura" (2009). Während Sánchez-Verdú in der Beschreibung

2

seines Werks „Aura" lediglich auf formale und gestalterische Mittel eingeht, zeigt er im Abschnitt zu seinem Werk „GRAMMA" philosophische Überlegungen, die dem Stück zugrunde liegen, auf. Vom Schreibstil und dem Argumentationsstil (Quellenbelege) unterscheidet sich dieser Künstlerbeitrag nicht wesentlich von den wissenschaftlichen Aufsätzen.

Der nächste Aufsatz ist ebenso ein Künstlerbeitrag. Der Aufsatz „Grundrisse der Wirklichkeit. Erkundungen für die Präzisierung eines Gefühls für die Krise des Formats (vorwärts). Beitrag zu einer szenischen Anthropologie" des Komponisten, Installations- und Performancekünstlers Manos Tsangaris enthält autobiographische Erlebnisse, werkbezogene Aspekte, ästhetische Gedankengänge, philosophische Überlegungen und Werkbeispiele. Der Aufsatz ist eine Verschriftlichung seines Vortragsskripts zur Tagung, was an den Formulierungen ersichtlich ist. Der Künstlerbeitrag ist nicht als zusammenhängender Text strukturiert, sondern enthält lose Gedankengänge, die in Textabschnitten und Überschriften voneinander abgetrennt sind. Die Überschriften enthalten Schlagwörter, Analogien, Metaphern - sind also ebenfalls nicht einheitlich gestaltet. Die Inhalte der Textabschnitte wiederholen sich zum Teil, sodass nicht aufeinander folgende Textabschnitte das gleiche Thema behandeln. In den philosophischen Überlegungen bleibt der Zusammenhang zu den Werken meist unklar. Es scheint fast so, als ob durch die philosophischen Überlegungen nicht etwa theoretische Aspekte der Werke durchleuchtet, sondern vielmehr eine Distanzierung zur eigenen Arbeit geschaffen wird. Der Text von Manos Tsangaris hebt sich durch seine unklare Strukturierung und eigentümliche Gestaltung deutlich von den wissenschaftlichen Aufsätzen ab.

Der letzte Aufsatz dieses Themenblocks ist ein Beitrag der Komponistin und Intermediakünstlerin Carola Bauckholt. In ihrem Aufsatz „Bewegung erfassen – das Musiktheaterwerk „hellhörig" beschreibt sie lediglich formale Aspekte ihres Werkes „hellhörig" und entzieht sich jeder theoretischen Überlegung.

Themenblock III „Tanz – Körper – Bewegung" beginnt mit einem Aufsatz der Tanzwissenschaftlerin Stephanie Schroedter. In ihrem Aufsatz „Neue Klangräume für neue Bewegungsformen und Bewegungsformate" analysiert sie sechs Tendenzen zum „choreographischen Verfahren im Umgang mit Neuer Musik". Der Text ist sehr ausführlich und klar gegliedert und verschafft Musikwissenschaftlern einen übersichtlichen Einblick tanzgeschichtlicher Entwicklungen.

Darauf folgt ein Künstlerbeitrag der Performance- und Intermediakünstlerin Angie Hiesl. Sie gibt in ihrem Aufsatz „Ver-Rückungen der Realität. Zu meiner künstlerischen Arbeit" einen Einblick in ihre Werke anhand von Projektbeispielen. Allerdings versäumt sie es eine Beschreibung der verwendeten Musik in Projektbeispielen wie „Zwillinge: how do I know I am me" oder „... und Haar und Haar und Haar und..." zu liefern. Ebenso beschreibt sie Projektbeispiele, in denen keine Musik verwendet wird, die also keine Musiktheaterprojekte sind. Der Aufsatz von Angie Hiesl fällt dadurch aus der Reihe, der Zusammenhang zum Sammelband bleibt unklar.

Der nächste Aufsatz „Musik und Bewegung. Wahrnehmungspsychologische Erkenntnisse – exemplifiziert und falsifiziert an „Jagden und Formen" (Wolfgang Rihm / Sasha Waltz)" der Musikpädagogin Ursula Brandstätter beschäftigt sich mit der Veränderung der Sinneswahrnehmung in der Wahrnehmung der Kunst. In Wolfgang Rihms „Jagden und Formen", choreographisch umgesetzt von Sasha Waltz, wird die Musik dadurch visuell integriert, dass sich Tänzer und Musiker den Bühnenraum teilen. Die Dominanz des Sehsinns wird somit verschoben, durch die visuelle Integration der Musik findet eine Wahrnehmungserweiterung statt. Brandstätter schreibt zudem, dass das Durchbrechen des Prinzips der Synchronizität in „Jagden und Formen", also das Nicht-Zueinander-Passen von Musik und Bewegung, einer „Nicht-Linearität des Hörens" entspreche. Allerdings enthält die Komposition von Wolfgang Rihm musikalische Passagen die nach dem Baukastenprinzip immer wieder auftauchen. Die Choreographie von Sasha Waltz entspricht genau dieser musikalischen Strukturierung. Von einer Asynchronizität von Musik und Bewegung ist deshalb nicht zu sprechen. Was Ursula Brandstätter unter einer „Nicht-Linearität des Hörens" begreift, bleibt ebenso unklar.

Der letzte Themenblock „Das Musiktheater von Wolfgang Rihm" enthält nur den Aufsatz vom Komponisten und Musiktheoretiker Jörg Mainka. In seinem Aufsatz „Das Ereignis des Augenblicks" untersucht er das „Verhältnis des musikalischen Augenblicks zum dramaturgischen Gesamtentwurf". Veranschaulicht wird dies zunächst in Puccinis Oper „Tosca". Die doppeldeutige Musik zur Erschießung des Helden Cavaradossi setzt folgendes Wissen beim Zuschauer voraus: Tosca glaubt an eine inszenierte Täuschung durch Platzpatronen, während Cavaradossi real erschossen wird. Während Mainka das Verhältnis zwischen musikalischen Augenblick und Dramaturgie im Beispiel Puccinis verständlich visualisiert, gelingt dies ihm in den Beispielen zu Wolfgang Rihm „Die Eroberung von Mexiko" (1991) und „Séraphin" (Inszenierung Peter Mussbach 1996) nicht.

Der Sammelband endet mit einem Aufsatz von Peter W. Schatt, der versucht die Inhalte der Tagungen des INMM von 2008/09/10 auf musikpädagogische Inhalte zu fokussieren.

Das Sammelband „Neue Musik in Bewegung: Musik und Tanztheater heute" gibt insgesamt einen Überblick über aktuelle ästhetische Entwicklungen zeitgenössischen Musiktheaters. Die Verknüpfung von wissenschaftlichen Aufsätzen und Künstlerbeiträgen ist auf der einen Seite interessant, trägt aber auch Risiken mit sich. Normalerweise wird die Produzentenseite in Interviewformen behandelt, nicht jedoch in selbstständigen Künstlerbeiträgen, was sowohl Vorteile wie auch Nachteile hat. Die Künstlerbeiträge sind z.t. etwas eigentümlich strukturiert und entziehen sich oft theoretischen Überlegungen durch philosophische Ausschweifungen. Zu bemängeln ist außerdem, dass Themenblock IV durch nur einen Aufsatz nicht würdig diskutiert und Wolfgang Rihms musikalisches Schaffen somit nicht ausreichend durchleuchtet wurde – insbesondere in seiner Verknüpfung mit Artauds Theaterkonzept. Der Aufsatz der Künstlerin Angie Hiesl fällt durch seine Themenverfehlung aus dem Rahmen und könnte ebenso gut weggelassen werden. Insgesamt gibt es allerdings wenige Neuerscheinungen, die Neue Musik bzw. zeitgenössisches Musik- und Tanztheater behandeln. Dem Sammelband ist zugute zu halten, dass die Aufsätze sehr zeitnahe Werke und somit tatsächlich aktuelle ästhetische Entwicklungen des Musiktheaters diskutieren.